AF494191

CATALOGUE

DE

TABLEAUX MODERNES

PAR

Berne-Bellecour, Bernier, J. L. Brown, F. Chaigneau, Corot, Decamps
Diaz, Jules Dupré, Fichel, Fromentin
Isabey, Ch. Jacque, Meissonier, Van Marcke, Verlat, Washington

Dépendant de la Collection de M. X...

TABLEAUX ANCIENS ET MODERNES

Par Courbet, Eugène Delacroix, Marilhat, Breughel, etc.

OBJETS D'ART ET D'AMEUBLEMENT

Porcelaines de Saxe et autres

OISEAUX ET BUSTE EN VIEUX SAXE

Faïences de Deruta, Delft, Nevers, Sinceny

GIRANDOLES EN BRONZE DU TEMPS DE LOUIS XVI

PENDULES ANCIENNES

Bijoux, Argenterie, Objets variés, Meubles

Dépendant de la succession de Mme F...

ET DONT LA VENTE AURA LIEU

HOTEL DROUOT, SALLE N° 5

Le Mercredi 11 Mai 1892

à deux heures

COMMISSAIRE-PRISEUR

Me PAUL CHEVALLIER

10, rue de la Grange-Batelière, 10

EXPERTS

Pour les Tableaux	*Pour les Objets d'art*
M. EUG. FÉRAL, peintre	**M. CHARLES MANNHEIM**
54, rue du Faubourg-Montmartre, 54	7, rue Saint-Georges, 7

EXPOSITION PUBLIQUE

Le Mardi 10 Mai 1892, de une heure et demie à cinq heures et demie

CONDITIONS DE LA VENTE

Elle sera faite *expressément* au comptant.

Les acquéreurs payeront *cinq pour cent* en sus des adjudications.

L'exposition mettant le public à même de se rendre compte de l'état des objets, aucune réclamation ne sera admise une fois l'adjudication prononcée.

N. B. — La vacation commencera par les Objets d'art et d'ameublement, et se terminera par les Tableaux.

Paris. — Imp. de l'Art. E. Ménard et Cie, 41, rue de la Victoire.

DÉSIGNATION

TABLEAUX MODERNES

DÉPENDANT DE LA COLLECTION DE M. X...

BERNE-BELLECOUR

1 — *Le Clairon.*

Il est assis sur une pierre, auprès d'une maison de paysans.

Sur la gauche, des fusils en faisceau.

Signé et daté 1874.

Bois. Haut., 12 cent.; larg., 15 cent.

BERNIER

(CAMILLE)

2 — *Sabotiers, dans le bois de Quimerc'h (Finistère).*

De grands arbres, au feuillage jaunissant de l'automne, occupent le centre d'une vaste clairière; à gauche, sont de gros troncs d'arbres abattus, près d'une hutte de sabotiers; à droite, une mare entourée d'ombrages.

Le ciel, plein de nuages lumineux, éclaire toute la forêt.

Extrait du Catalogue de la vente Duncan (de Londres).

Signé et daté 1877.

Salon de 1877 et Exposition Universelle de 1878.

Bois. Haut., 1 m. 94 cent.; larg., 2 m. 96 cent.

BROWN

(JOHN LEWIS)

3 — *Les Caves d'un brasseur.*

Un homme en blouse bleue conduit un cheval blanc attelé à une charrette chargée de tonneaux de bière et franchit la porte des caves, pendant qu'un garçon cherche à maîtriser un cheval effrayé qui se cabre

Signé et daté 1864.

Toile. Haut., 54 cent.; larg., 73 cent.

CHAIGNEAU

(F.)

4 — *L'Abreuvoir, le matin.*

Un troupeau, conduit par une paysanne, se désaltère au bord d'une mare.

Effet d'automne.

Bois. Haut., 27 cent.; larg., 22 cent.

CHAIGNEAU

(F.)

5 — *Moutons au pâturage.*

Sous la garde d'une bergère se reposant sur la gauche, son chien auprès d'elle.

Bois. Haut., 24 cent.; larg., 18 cent.

COROT

(CAMILLE)

6 — *Le Passeur.*

Dans un site frais et vaporeux, au bord d'une rivière et à l'ombre d'un grand saule au feuillage léger, — le premier plan garni de joncs et de plantes aquatiques en fleurs, — deux paysannes viennent de monter dans un bateau ; le passeur, en manches de chemise et coiffé d'un bonnet rouge, tient sa perche et se dispose à gagner le large.

Vers le fond, on aperçoit un château fort dominant les collines, aux contours sinueux, qui bordent l'horizon.

Remarquable tableau.

Signé à droite.

Toile. Haut., 67 cent.; larg., 49 cent.

DECAMPS

7 — *La Rade de Smyrne.*

Le soleil éclaire les maisons aux murs blancs, se détachant sur les collines bleuâtres qui bordent l'horizon. Des Arabes se reposent sur les remparts, au pied desquels sont amarrés deux bateaux à voiles.

Ciel nuageux.

Signé du monogramme, à droite.

Toile. Haut., 37 cent.; larg., 56 cent.

DIAZ

(N.)

8 — *Les Caresses de l'Amour.* 22000,00

Assise, dans un paysage, les épaules nues, une draperie rose jetée sur ses genoux, une nymphe écoute deux petits amours qui se pressent auprès d'elle, cherchant à la séduire.

Signé et daté 52.

Toile. Haut., 70 cent.; larg., 53 cent.

DIAZ

(N.)

9 — *Le Bas-Bréau ; forêt de Fontainebleau.*

Au centre, quelques blocs de rochers à demi cachés par les bruyères en fleurs.

A droite et à gauche, des chênes aux troncs noueux et aux branches brisées dont l'écorce blanche est éclairée par un rayon de soleil.

Deux paysannes ramassent du bois mort.

Toile.

DUPRÉ

(JULES)

10 — *Paysage.*

Une femme, en robe rouge, suit un sentier sinueux.

Vers le fond, une chaumière en partie cachée par des arbres.

A droite, la lisière d'un bois.

Ciel nuageux.

Signé à gauche.

Toile. Haut., 35 cent. ; larg., 46 cent.

FICHEL

11 — *Le Quatuor.*

Quatre musiciens sont groupés, exécutant un morceau; un cinquième personnage les écoute, assis près d'une cheminée.

Signé et daté 73.

Bois. Haut., 27 cent.; larg., 22 cent.

FROMENTIN

(EUGÈNE)

12 — *L'Abreuvoir.*

Un Arabe a conduit trois chevaux dans une mare située au pied d'une colline; pendant que les chevaux se désaltèrent, deux femmes portant des paquets se dirigent vers la gauche.

Au second plan, des massifs de palmiers, derrière lesquels on aperçoit une forteresse.

Dans le fond, un village arabe.

Très bon tableau.

Signé et daté 72.

Bois. Haut., 46 cent.; larg., 37 cent.

FROMENTIN

(EUGÈNE)

13 — *Les Bords du Nil.*

Le fleuve s'étend au loin, sillonné par quelques bateaux à voiles.

Sur un terrain verdoyant, qui occupe le premier plan, se trouvent quelques Arabes, les uns causant, les autres se reposant sur les bords du fleuve.

Signé et daté 74.

Toile. Haut., 53 cent.; larg., 77 cent.

ISABEY

(EUGÈNE)

14 — *Le Sauvetage.*

Un bateau marchand s'est échoué contre la jetée. Les matelots qui montent sur les cordages s'occupent à serrer les voiles, pendant que d'autres, dans des canots, opèrent le déchargement. Le ciel est nuageux et les eaux agitées.

Vers le fond, à gauche, plusieurs bateaux gagnent le large.

Œuvre importante de l'artiste.

Signée et datée 64.

Toile. Haut., 70 cent.; larg., 1 m. 2 cent.

JACQUE

(CHARLES)

15 — *La Bergerie.*

Pendant qu'une partie du troupeau mange le fourrage qu'on a mis au râtelier, un groupe de brebis et un agneau, éclairés par un rayon de soleil, se désaltèrent dans un baquet plein d'eau; quelques poules sont auprès.

Signé à gauche.

Œuvre remarquable, très étudiée et d'un charmant effet de lumière.

Bois. Haut., 43 cent.; larg., 69 cent.

JACQUE

(CHARLES)

16 — *Chevaux de trait à l'écurie.*

Trois chevaux au râtelier. Celui qui est au centre est blanc, éclairé par un rayon de soleil.

Signé à gauche.

Bois. Haut., 15 cent.; larg., 16 cent.

MEISSONIER

(Jean Louis-Ernest)

17 — *Le Coup de l'étrier.*

Un cavalier, monté sur un beau cheval bai, est arrêté à la porte d'une villa, sur le bord du chemin. De la main gauche, il tient la bride de son cheval; de la droite, il porte à ses lèvres un verre que vient de lui tendre une jeune fille, debout à gauche, et qui tient à sa main un broc de cristal.

Il a de grandes bottes molles et il est vêtu d'une espèce de houppelande d'un ton gris violacé, avec grand gilet gris à basques. Il est coiffé d'un chapeau tricorne noir.

Aux pieds du cheval, à droite, deux chiens largement dessinés et indiqués par un trait, entre les troncs de deux arbres verts dont le feuillage sombre se détache sur un ciel bleu en haut du tableau, avec nuages lumineux au bas.

Une partie du tableau est traitée en esquisse.

Vente Secretan.

Bois. Haut., 23 cent.: larg., 18 cent.

VAN MARCKE

(EM.)

18 — *La Ferme.*

Sur le devant, une vache et deux veaux éclairés par un vif rayon de soleil. Vers le fond, à droite, d'autres animaux paissent dans des pâturages verdoyants. A gauche, auprès d'une maison couverte de chaume, une paysanne donnant du grain à des poules.

Signé à droite.

Bois. Haut., 25 cent.; larg., 30 cent.

VAN MARCKE

(EM.)

19 — *Le Calvaire, à Saint-Jean-du-Doigt.*

Étude provenant de la vente Van Marcke.

Haut. 24 cent.; larg., 33 cent.

VERLAT

20 — *Chien de chasse au repos, tenant une perdrix.*

Signé à droite.

Bois. Haut., 34 cent.; larg., 26 cent.

WASHINGTON

(DEUX PENDANTS)

21 — *Fantaisie arabe.*

Arabe traversant un cours d'eau.

Signés.

Bois. Haut., 24 cent.; larg,. 17 cent.

TABLEAUX ANCIENS ET MODERNES

DESSINS

OBJETS D'ART

Dépendant de la succession de Mme F...

TABLEAUX ET DESSINS

APPERT

22 — *Les Pies.*

Pastel.

ARTOIS

(Attribué à Van)

(DEUX PENDANTS)

23 — *Paysages avec figures.*

BALEN

(Genre de Van)

24 — *La Toilette de Diane.*

BOUCHARDON

25 — *Le Fauconnier.*

Crayon noir rehaussé de blanc.

BREUGHEL

26 — *Auberge de villageois, au bord d'une rivière.*

Toile. Haut., 48 cent.; larg., 70 cent.

BRION

27 — *Le Puits.*

CARRACHE

(École de)

28 — *La Vierge en prières.*

Cadre en bois.

COURBET

29 — *Environs d'Ornans.*

Paysage avec figures.
Signé et daté 1849.

Toile. Haut., 33 cent.; larg., 55 cent.

COYPEL

(Genre de)

(DEUX PENDANTS)

30 — *Jeux d'amours.*

Dessus de porte.

DECAMPS

(Genre de)

31 — *Chien de chasse.*

Sépia.

DELACROIX

(EUGÈNE)

32 — *Le Marchand d'oranges, au Maroc.* 5800,00

Il est assis auprès d'une fontaine, ayant à ses côtés deux corbeilles d'oranges.

Au second plan, un escalier conduisant sur une terrasse.

Dans le fond, des collines.

Signé à droite.

Toile. Haut., 27 cent.; larg., 34 cent.

**

ÉCOLE FLAMANDE

33 — *Baigneuse et Amours.*

ÉCOLE FRANÇAISE

34 — *Nymphes et Fleuve.*

Esquisse de forme ovale.

Toile. Haut., 27 cent.; larg., 30 cent.

ÉCOLE FRANÇAISE

35 — *Alexandre et les femmes de Darius.*

Esquisse.

36 — *Sujet mythologique.*

Grisaille.

37 — *Portrait de femme.*

Pastel.

ÉCOLE ITALIENNE

38 — *Amours tirant de l'arc.*

Peinture sur cuivre.

ÉCOLE MODERNE

39 — *Paysage avec animaux.*

ÉCOLE MODERNE

40 — *Le Désespoir.*

Dessin.

FRAGONARD

(D'après)

41 — *Le Sommeil de l'Enfant.*

FRANCK

(École de)

42 — *Le Christ en croix entre la sainte Vierge et saint Jean.*

Peinture sur cuivre.

JOYANT

43 — *Personnages orientaux.*

Cadre sculpté.

MARILHAT

44 — *Vue prise sur les bords du Gardon.*

Esquisse.

Toile. Haut., 44 cent.; larg., 58 cent.

OUDRY

(D'après J. B.)

45 — *Chien en arrêt près de deux faisans.*

Toile. Haut., 1 m. 10 cent.; larg., 1 m. 30 cent.

PENGUILLY

46 — *Un Philosophe.*

Signé et daté 1858.

Bois. Haut., 28 cent.; larg., 33 cent.

PARROCEL

(Genre de)

47 — *Combat de cavaliers.*

TABAR

(L.)

48 — *Le Concert en bateau.*

VÉRONÈSE

(École de)

49 — *Portrait de femme.*

OBJETS D'ART

PORCELAINES

50 — Deux grands oiseaux perchés sur des troncs d'arbres en ancienne porcelaine de Saxe décorée au naturel.

51 — Petit buste d'enfant en ancienne porcelaine de Saxe, coiffé d'un bonnet orné de fleurs, une draperie émaillée vert sur les épaules.

52 — Bourdaloue en ancienne porcelaine de Saxe gaufrée sous couverte à l'imitation de vannerie et orné de fruits, feuilles et oiseau en couleur.

53 — Deux petites boites formées chacune d'une poule en ancienne porcelainé de Saxe.

54 — Sucrier cylindrique couvert en porcelaine d'Allemagne, décor de paysages.

55 — Tasse couverte et sa soucoupe en porcelaine de Saxe : initiale D enguirlandée.

56 — Cinq tasses et leurs soucoupes en ancienne porcelaine de Hœchst, près Mayence ; décor de paysages.

57 — Cinq pièces : deux tasses et trois soucoupes en ancienne porcelaine d'Amsterdam ; bordures imitant le bois et ornées de sujets divers dans des réserves simulant du papier.

58 — Tasse droite et sa soucoupe en ancienne porcelaine tendre de Sèvres : initiale C réservée sur fond jaune semé de bleuets.

59 — Deux cygnes se faisant pendants en porcelaine de Saxe.

60 — Boite circulaire couverte en ancienne porcelaine de Chine, décor de fleurs en camaïeu bleu. Monture en bronze.

61 — Quatre pitongs cylindriques en ancienne porcelaine de Chine, famille rose : scènes familières.

62 — Plat creux en ancienne porcelaine de Chine, famille verte : arbre fleuri et fong-hoang ; bordure quadrillée.

63 — Coq en porcelaine de Chine décorée au naturel.

64 — Compotier en porcelaine de Chine surdécoré de motifs dorés.

65 — Deux statuettes de femmes debout, en ancienne porcelaine du Japon.

66 — Statuette de femme assise, en ancienne porcelaine du Japon.

67 — Petit vase en céladon vert d'eau du Japon orné de chrysanthèmes et fleurs en bleu.

68 — Petit vase sur piédouche en porcelaine anglaise, à décor de trophées d'instruments de chasse, pêche et jardinage et guirlandes de fleurs.

69 — Deux groupes en biscuit : Nymphe et Amours.

70 — Six pièces en porcelaine de Chine et du Japon : tasse et trois soucoupes à décor bleu et rouge, et tasse et sa soucoupe, décor de style européen.

71 — Deux pièces : tasse droite avec soucoupe en ancienne porcelaine de Paris, et petite tasse en porcelaine de Saxe.

72 — Deux vases en porcelaine dure. Époque Restauration.

73 — Grande coupe ronde en porcelaine dure, à fleurs.

74 — Vingt-quatre assiettes en porcelaine.

75 — Deux vases balustres en porcelaine de Chine moderne à décor d'animaux et de fleurs.

FAIENCES

76 — Plat rond et creux en ancienne faïence de Deruta, à décor polychrome : au fond, buste d'Empereur romain et inscription : *Virtvs in natione constitit* ; sur le marli, des rinceaux. XVIe siècle.

77 — Deux plaques de forme contournée se faisant pendants en ancienne faïence de Delft polychrome : sujets champêtres.

78 — Plaque de forme contournée en ancienne faïence de Delft polychrome : oiseau dans une cage ; en bas, un paysage.

79 — Garniture en ancienne faïence de Delft poly-

chrome, composée d'un cornet et de deux potiches couvertes ; décor de fleurs, oiseaux, rochers et quadrillés.

80 — Plat creux en ancienne faïence de Delft, décor en camaïeu bleu de vases de fleurs et insectes de style japonais.

81 — Deux pièces : cornet en faïence hollandaise, décor de fleurs en camaïeu bleu, et pot trompeur en terre vernissée du XVIIIe siècle.

82 — Aiguière-casque en ancienne faïence de Sinceny, à décor polychrome de pagodes, quadrillés, mascarons et fleurs.

83 — Plat rond en ancienne faïence de Sinceny, à décor polychrome : personnages et kiosques dans le goût chinois, et quadrillés.

84 — Bidet en ancienne faïence de Rouen polychrome : vase de fleurs, quadrillés et rinceaux.

85 — Gourde légèrement aplatie en ancienne faïence de Nevers ; fleurettes en camaïeu bleu, anses torsades et culot godronné.

86 — Deux assiettes en ancienne faïence de Nevers : oiseaux et feuillages en blanc et jaune sur fond gros bleu.

87 — Plaque ovale en ancienne faïence de Castelli : la Sainte Famille et saint Jean-Baptiste. Cadre doré.

88 — Deux statuettes de femmes assises tenant une corbeille en faïence blanche de Lorraine.

BRONZES

89 — Deux girandoles à trois lumières du temps de Louis XVI, formées chacune d'une statuette d'enfant debout en bronze à patine verte, tenant des deux mains un bouquet de fleurs de lis en bronze doré. Bases en marbre blanc ornées de guirlandes en bronze doré également.

90 — Deux flambeaux du temps de Louis XVI en bronze ciselé et doré, à tige balustre, cannelée et feuillagée, et base bordée d'un faisceau de baguettes enrubannées.

91 — Deux petits flambeaux-cassolettes du temps de Louis XVI en bronze ciselé et doré, en forme de vases enguirlandés, à tige cannelée et base carrée, ornée d'un cordon de piastres.

92-93 — Deux paires de flambeaux Louis XV en cuivre doré ; l'une, à base festonnée ; l'autre, à base octogone.

94 — Deux flambeaux bas en bronze doré.

95 — Deux chenets Louis XV en bronze, à motifs rocaille.

96 — Deux flambeaux de jardin en cuivre argenté.

97 — Christ en cuivre argenté sur croix en bois.

98 — Deux flambeaux en bronze. Époque Restauration.

99 — Deux pièces en bronze : flambeau à deux lumières, avec écran, et bougeoir.

100 — Lustre flamand, à six lumières, en bronze.

101 — Vase obconique couvert en porcelaine émaillée bleu; monture en bronze, à anses mascarons et piédouche.

102 — Figurine de personnage agenouillé, en ancien bronze partiellement laqué du Japon. Base en bois.

103 — Deux bas-reliefs en bronze : Sainte Famille et allégorie de l'Été. Encadrés.

PENDULES

104 — Pendule du temps de Louis XVI, de *Kinable, à Paris*, en marbre blanc et bronze doré : statuette de Vénus, assise sur un bloc de rochers et distribuant des couronnes à deux amours ; à la base, frise d'amours tirant de l'arc.

105 — Petite pendule du temps de Louis XVI en bronze doré, de *Courieult, à Paris* ; sur le mouvement, colombes se becquetant ; de chaque côté, des trophées d'armes et instruments de musique ; base en marbre blanc.

106 — Pendule-applique et son socle du temps de Louis XV, de *I. F. Larsé, à Paris*, en marqueterie d'écaille et de cuivre ; cadran, garnitures et statuette d'amour en bronze.

107 — Cartel-applique de forme contournée du temps de Louis XIV, en marqueterie d'écaille et filets de cuivre ; cadran et garnitures de bronze doré.

108 — Cartel-applique en bronze, à motifs rocaille ; sur le mouvement est assise une figurine de Chinois tenant une ombrelle.

BIJOUX, ARGENTERIE

109 — Bague en or, chaton formé de deux brillants.

110 — Bracelet en or émaillé noir, orné de trois brillants et quatre saphirs, entourés de perles et de petits brillants.

111 — Broche composée d'un saphir entouré de feuillages exécutés en brillants montés en argent, avec pendeloque formée d'une grosse perle baroque.

112 — Parure en marcassite montée en or et argent.

113 — Lot de bijoux variés : épingles de coiffure, etc.

114 — Caisse contenant un service de table en argent comprenant douze cuillères et douze fourchettes de table, douze cuillères et douze fourchettes à entremets, douze couteaux de table, vingt-quatre couteaux à entremets dont douze à lames d'argent, douze cuillères à café, douze fourchettes à huitres, quatre pelles à sel, un couvert à salade de deux pièces; un service à découper de deux pièces, quatre pièces à hors-d'œuvres, une louche,

une truelle à poisson, une cuillère à punch, une cuillère à saupoudrer, une pince à sucre et deux passoires.

115 — Sucrier Empire en cristal avec monture et couvercle en argent doré.

116 — Pince à sucre Empire en argent doré.

117 — Onze cuillères à café en argent.

118 — Plat rond en argent.

119 — Double fond en argent.

120 — Soupière oblongue couverte en argent.

121 — Troispièces : louche en argent, porte-huilier en argent et cafetière en argent avec anse en ivoire.

122 — Huit salières en argent.

123 — Trois moutardiers en argent.

124 — Casserole en argent, manche ivoire.

125 — Saucière et plateau Empire en argent.

126 — Six plats ronds Empire en argent.

127 — Trois plats longs Empire en argent.

128 — Dix-huit cuillères et dix-huit fourchettes de table.

129 — Cuillère à saupoudrer en argent.

130 — Six pelles à sel en argent.

131 — Cuillère à ragoût en argent.

OBJETS VARIÉS

132 — Coffret oblong à couvercle plat en bois sculpté: rinceaux et cartouche surmonté d'une couronne. Ancien travail lorrain.

133 — Coffret oblong en laque noir et or avec incrustations de burgau : oiseaux, tortues et haies fleuries; à la base, deux tiroirs. Ancien travail japonais.

134 — Petit cabinet en laque noir et or, fermant à deux portes et contenant sept tiroirs; décor de fleurs; garnitures de cuivre. Japon.

135 — Deux éventails, l'un monté ivoire, l'autre écaille, feuilles peintes.

136 — Boite en ancien émail de Saxe : Scène pastorale.

137 — Plaque en émail peint par *Laudin* : le Christ en croix. Limoges. XVIIe siècle. Cadre doré.

138 — Petite plaque en émail peint, par *Laudin* : le Christ couronné d'épines. Limoges. XVIIe siècle.

139 — Miniature sur vélin du temps de Louis XV : Jeune Femme à son déjeuner. Encadrée.

140 — Deux statuettes en terre cuite, par *Feuchère* : Femmes couchées. Signées et datées *1850*.

141 — Tête-applique d'enfant, grandeur nature, en marbre blanc.

142 — Pitong ajouré en pierre de lard. Chine.

143 — Deux petits socles chinois, bois dur et albâtre.

144 — Fragment d'ancienne tapisserie au point : Apparition du Christ portant sa croix. Encadré.

145 — Trois socles variés en bois doré.

MEUBLES

146 — Meuble vitré fermant à deux portes, avec large moulure concave à la partie supérieure, en bois satiné, du temps de Louis XIV; garni de chutes et de moulures en bronze.

147 — Commode Louis XIV, à face légèrement cintrée, en bois de violette, à trois rangs de tiroirs; filets de cuivre, et poignées, entrées de serrures et chutes en bronze.

148 — Table de nuit Louis XVI en marqueterie de bois de couleurs, ouvrant à coulisse; dessus de marbre blanc.

149 — Commode Louis XVI en acajou, à trois tiroirs; poignées et encadrements de cuivre. Dessus de marbre.

150 — Bureau à cylindre Louis XVI, en acajou, sur pieds cannelés; garnitures de cuivre et dessus de marbre blanc.

151 — Fauteuil Louis XIV en bois sculpté et doré, couvert en tapisserie au point : Orphée charmant les animaux.

152 — Bergère en bois sculpté et doré, couverte en satin vert broché à fleurs.

153 — Bergère Louis XV en bois sculpté et doré,

couverte en satin blanc rayé, Louis XVI, broché à fleurs.

154 — Petite table-bureau Empire en acajou, à un tiroir, sur pieds reliés par un croisillon; garnitures de bronze.

155 — Console en marqueterie de bois de couleurs, contenant un tiroir et reposant sur quatre pieds reliés par une tablette en marbre blanc; dessus également en marbre blanc; galerie et garnitures de cuivre.

156 — Bureau à dos d'âne en marqueterie de bois de couleurs, à fleurs; garnitures de cuivre.

157 — Paravent à quatre feuilles en bois sculpté et doré; feuilles brodées au passé et en chenille en soies de couleurs.

158 — Baromètre-thermomètre dans un cadre en bois sculpté et doré.

159 — Glace biseautée dans un cadre en bois noir avec feuillages rapportés en cuivre repoussé.

160 — Miroir biseauté dans un cadre en bois sculpté et doré, à feuillages.

161 — Miroir dans un cadre rocaille doré.

www.ingramcontent.com/pod-product-compliance
Ingram Content Group UK Ltd.
Pitfield, Milton Keynes, MK11 3LW, UK
UKHW020511180726
13839UKWH00005B/2014